Die Heilkraft des Sonnenlichtes

INHALT

Die Überschriften und die im Text in eckigen Klammern eingefügten Worterklärungen sowie die Fußnoten sind, wenn nicht anders angegeben, vom Verlag.

Vorwort

Diese Schrift ist durch das Innere Wort vor mehr als hundert Jahren empfangen worden. Sie ist heute zeitgemäßer denn je: Kulturkrankheiten bedrohen in immer stärkerem Maße eine Menschheit, die durch technische Überzivilisation, durch die Härte des Kampfes ums Dasein und durch falsche Ernährung und Lebensweise den Anschluß an die Quellen der Natur fast gänzlich verloren hat. Kein Wunder, daß auch die Schulmedizin diesem Wege folgte und mit abertausend chemischen Präparaten das zu ersetzen sucht, was die göttliche Kraft in der Natur so überreich dem Menschen zur Heilung anbietet.

Alle Heilkräfte der Natur entstammen dem *Sonnenlicht,* das mit seiner Strahlung erst die belebende Wirkung von Luft, Wasser und überhaupt allen Faktoren hervorbringt, die die Naturheilkunde zur Heilung des kranken Menschen einsetzt.

Nach geistiger Einsicht entspringt eine Krankheit einer Schwäche im menschlichen Seelenkomplex – eine Wahrheit, die schon der begnadete Arzt Paracelsus im Mittelalter lehrte. Indem nun die natürliche Sonne als Trägerin geistiger Sonnenkräfte mit ihrer Strahlung zugleich seelische Potenzen aufbauender Art abgibt, wirken die in den Sonnenheilmitteln aufgespeicherten Energien unmittelbar auf die Seelen-Elemente des Menschen stärkend ein. Eine Wiederherstellung der seelischen Spannkraft aber bedingt ebenso nachfolgende körperliche Heilung, wie eine Schwächung seelischer Natur auch physisches Kranksein zur Folge hat.

Vorliegende Schrift „Die Heilkraft des Sonnenlichts" zeigt mehrfache Wege auf, in welcher Art die Sonnenenergie direkt an Stoffe des Mineral-, Pflanzen- und Tierreichs gebunden werden kann.

Die Erzeugung der beschriebenen Sonnenlichtstoffe wurde schon vor Jahrzehnten von Freunden dieser Heilkundgaben unternommen, und die damit erzielten Erfolge rechtfertigten die Erwartungen, wie sie an geistige Belehrungen aus solcher

Quelle gebunden sind. Heute wendet sich das Interesse wieder verstärkt der Herstellung dieser Sonnenheilstoffe und ihrer Anwendung zu Heilzwecken zu.

Im Lichte dieser Heilwinke wird auch so manches klar, was unbewußt als stofflicher Heilträger von Sonnenkraft in der alten Volksmedizin Verwendung fand.

Jakob Lorber hat diese Heilwinke im Jahre 1851 durch das Innere Wort empfangen. Sie wurden hier nach den Aufzeichnungen Anselm Hüttenbrenners, einem der engsten Freunde Jakob Lorbers, wiedergegeben. Heute oftmals ungebräuchliche Ausdrücke, Maß- und Gewichtseinheiten wurden, wo es nötig erschien, erklärt.

Möge die neue Auflage dieser Schrift vielen Bedürftigen zu geistiger und leiblicher Gesundheit verhelfen.

Der Verlag

Allgemeines über die Heilkraft der Sonne

Bei diesen Sachen ist durchgehend nicht gar zu sehr auf das Maß und Gewicht, sondern einzig und allein auf den rechten Glauben und auf das rechte Vertrauen auf Mich Bedacht zu nehmen; denn ihr wisset, daß Ich gar wohl imstande bin, jemanden mit wenigen Tropfen Wasser zu ersäufen und daneben einen andern, der ins Weltmeer gefallen ist, am Leben zu erhalten.

Die materiellen Mittel haben an und für sich hier* ohnehin keine Wirkung, außer bloß die, unter den angegebenen Verhältnissen die Sonnenstrahlen an sich zu ziehen und sie zu behalten. Haben die materiellen Mittel diesem Zwecke gedient und entsprochen und werden in Krankheitsfällen mit angegebener Diät mit rechtem Glauben im angegebenen Maße gebraucht, so werden sie ihre Wirkung nicht verfehlen.

Vor allem gehört – besonders von seiten des Helfers – *ein uneigennütziger, guter Wille und fester Glaube* dazu, um mit solcher Meiner ihm geoffenbarten Gnade einem Leidenden in der Kraft Meines Namens zu helfen; denn von dem Leidenden läßt sich nicht immer ein voller Glaube erwarten. Ist aber auch der Leidende vollgläubig, so wird das Heilmittel desto sicherer und frühzeitiger die Wirkung bewähren.**

In den ältesten Zeiten, in denen schon Menschen diese Erde bewohnt haben, benützten eben diese Menschen, so sie irgendein Unbehagen in ihrem Leibe verspürten, die Sonne, das heißt ihr Licht und ihre Wärme als das einzige Heilmittel zur Wiederherstellung ihrer Gesundheit.

Sie legten ihre Kranken in die Sonne und entblößten diejenigen Teile des Leibes gänzlich, in denen der Kranke eine

---

* bei der Heliopathie.

** Anmerkung von Anselm Hüttenbrenner: „Extrakt aus den Diktaten vom 19. und 21. August 1851." – Diese Diktate liegen dem Verlag im vollen Wortlaut nicht vor.

Schwäche, Unbehaglichkeit oder einen Schmerz verspürte, und es ward in Kürze besser mit dem Kranken.

Fehlte es dem Kranken im Magen, so mußte er nebst dem, daß er eine Zeitlang vorher seine Magengegend dem Sonnenlichte ausgesetzt hatte, darauf aus einer reinen Quelle, die der Sonne ausgesetzt war, Wasser trinken, und es ward alsbald besser mit ihm.

Überhaupt tranken die ersten Bewohner der Erde nicht leichtlich ein Wasser, das nicht zuvor auf eine kurze Zeit, so es tunlich war, dem Sonnenlichte ausgesetzt war.

Tiefe und gedeckte Brunnen waren ihnen fremd, und aus einer Quelle, wohin das Licht der Sonne nicht dringen konnte, trank niemand ein Wasser; denn sie wußten und *sahen* es wohl auch, daß sich in solchem Wasser so lange grobe und mitunter sogar böse Geister aufhalten, bis diese durch die Kraft des himmlischen Sonnenlichtes ausgetrieben werden.

Sehet, in dem bisher Angeführten liegt eine tiefe Wahrheit; denn das Licht der Sonne führt, wie ihr es euch leicht denken könnet, reinere Geister mit sich. Diese Geister haben die größte Verwandtschaft mit den substantiellen Teilen der Seele des Menschen. Wenn durch die Einwirkung solch reinerer Geister der Seele eine sicher kräftige Stärkung zugeführt wird, so wird dann die also gestärkte Seele mit irgendeiner in ihrem Leibe entstandenen Schwäche sehr leicht und bald fertig, weil *die Gesundheit des Leibes* gleichfort *einzig und allein von einer hinreichend kräftigen Seele abhängt.*

Denn wo immer ursprünglich irgendeine Schwäche in der Seele, das heißt in ihren substantiellen Teilen auftritt und die Seele selbst auf einem geordneten Wege sich in den geschwächten Teilen keine Stärkung verschaffen kann, da wendet sie sich dann an ihren eigenen Nervengeist und zieht aus ihm das ihr Mangelnde an sich. Dafür aber entsteht dann, wie in entladenen elektrischen Flaschen, in den Nerven ein offenbarer Mangel an jenem Lebensfluidum, durch das allein sie in der rechten Spannung erhalten werden.

Die Nerven, dadurch gewisserart hungrig, saugen dann eine noch zu wenig reine Kost aus dem Blute, und wenn solches vor sich geht, so entsteht dann ganz natürlich ein unnatürlicher Lebensprozeß in der Natur des Fleisches, aus dem alle möglichen Krankheiten je nach der Art und Weise entstehen können, wie sie nach dem tieferen Seelenkalkül einem oder dem andern Teile, der in der Seele schwach geworden ist, entsprechen.

Da aber in den reinen Geistern* alle jene partikularen Seelensubstanzen, aus denen die Seele selbst besteht, sich vorfinden, so ist es für die Seele ein leichtes, aus ihnen das zu ihrer Stärkung zu nehmen, was ihr abging, um dadurch auch wieder die frühere Ordnung in ihrem Nervengeiste, und durch diesen in den Nerven und im Blute die rechte natürliche Lebensspannung zu bewerkstelligen.

Aus eben diesem Grunde ist auch in sehr vielfacher Hinsicht eine rechte *Homöopathie* jeder Allopathie bei weitem vorzuziehen. Denn durch die Homöopathie wird alsogleich der Seele verwandtes Geistiges der Seele selbst zugeführt, und die Seele selbst, wenn sie irgend etwas in ihr Abgängiges oder wenigstens Geschwächtes von außen her in sich aufgenommen hat, wird dann Arzt ihres Leibes.

Bei der Allopathie aber wird der Leib gezwungen, zuvor ein Arzt seiner Seele zu werden. Und so diese allenfalls durch großen Jammer des Leibes gesund geworden ist, dann erst kann sie sich rückwirkend über die Herstellung ihres Leibes machen, was doch sicher der ungeeignetste Weg zur Wiedererreichung der vollen Leibesgesundheit ist, was jeder aus der langwierigen siechen Rekonvaleszenz des Leibes – und der Seele mit – mit unbewaffneten Augen leicht ersehen kann.

Wie gesagt, ist sonach die Homöopathie eine rechte Heilmethode; aber wohlgemerkt, es gibt eine *zweifache Homöopathie,* nämlich:

Erstens eine *spezielle***, die in ihren Erfolgen notwendig unsicherer ist, weil selbst ein noch so geschickter Arzt nicht stets sicher erkennen kann, wo und welche Teile in der Seele

* Sonnenlichtgeistern.
** die von Hahnemann begründete.

geschwächt sind. Er kann daher denn auch das rechte Seelenspezifikum nicht in Anwendung bringen. Ein im Geiste wiedergeborener Arzt kann das freilich wohl; aber für einen noch nicht völlig oder zumeist gar nicht wiedergeborenen Arzt ist so etwas bei all seiner Verstandesgeschicklichkeit schwer oder gar nicht möglich.

Aus diesem Grunde ist dann vorzugsweise der zweiten Art Homöopathie, die Ich, bloß zum Unterschiede von der ersten, *die allgemeine* benenne, ein volles Augenmerk zu widmen, weil durch sie kein Arzt bei nur einiger Geschicklichkeit fehlen kann.

Und eben diese Art Homöopathie ist dasjenige, was Ich euch von der Heilkraft der Sonnenstrahlen (am 16. Juli 1851) vorangekündigt habe.

Es fragt sich nun von eurer Seite ganz natürlich: Wie ist solches anzustellen?

Eine Art habe Ich euch schon gleich anfangs gezeigt. Diese Art ist oder wäre vielmehr genügend, wenn die Menschen dieser Zeit jene Lebensweise beachten würden, die von den früheren Menschen getreu beachtet wurde.

Für die gegenwärtige Lebensweise, wo der Seele durch allerlei verkünstelte Speisen eher Teile entzogen als gegeben werden, und die ihr noch gegeben werden, durchweg schlecht zu nennen sind, wäre die Art des Gebrauches des Sonnenlichtes, wie sich die Alten desselben bedienten, zu schwach.

Aus diesem Grunde will Ich euch *mehrere* Arten kundgeben, wie auch die dazu erforderliche *Diät*. Wenn diese [zusammen] mit der angezeigten Sonnenlichtarznei genau beachtet wird – aber wohlgemerkt: sehr genau! –, so möget ihr damit jede Krankheit, welcher Art und welchen Namens sie auch sei, sicher heilen.

Selbst äußere Beschädigungen des Leibes können also bei rechter Handhabung dieses Medikamentes am ehesten geheilt werden.

Das andere folgt nächstens.

Wir wollen nun die sonderheitlichen Arten und Weisen dartun, wie nämlich der Sonnenlicht-Gesundheitsstoff leichtmöglicherweise mit irgendeinem subtilen materiellen Stoffe gebunden werden kann, und wie er dann zu gebrauchen ist in vorkommenden Krankheitsfällen.

Daß sich der Sonnenlichtstoff mit verschiedenartigsten Materien in Verbindung setzt, läßt sich für jedermann mit Händen greifen, so er nur einen Blick über einen Wiesenteppich wirft.

Das nächstbeste Pflänzchen gepflückt, gerochen und verkostet, – und sowohl Geruch als Geschmack werden sagen: Wir entstammen dem Lichte und der Wärme der Sonne!

Eine Glasscheibe, längere Zeit hindurch dem Sonnenlichte ausgesetzt, wird bald allerlei Farben auf ihrer Außenfläche zu zeigen anfangen. Warum nicht auch auf der inneren Fläche? – Weil die innere Fläche nicht dem ersten Anfall der Sonnenstrahlen ausgesetzt ist.

Setzet einen Blumenstock in einen finsteren Keller! So er auch blühen wird, da wird aber an der Blüte entweder gar keine oder nur eine höchst matte Farbe zu entdecken sein.

Aus dem geht aber hervor, daß die Farben der Blüten wie der Früchte *auch* ein Werk der tätigen Lichtgeister des Sonnenstrahles sind.

In jenen Ländern, die von euch die heißen genannt werden, ist das Farbenspiel sowohl bei den Pflanzen als sogar auch bei den Tieren noch viel lebhafter und üppiger, als solches der Fall ist in der gemäßigten oder gar in einer kalten Zone, in der alles beinahe mehr in ein gemeinschaftliches Grau übergeht, von irgend einem stärkeren Wohlgeruche wenig Rede mehr ist und der Geschmack zumeist ein herber und bitterer ist, der da gleichkommt der gerichteten Herbe und Bitterkeit der in der Erde gebannten Geister.

Es könnte hier jemand sagen: Ja, wenn sonach alle die verschiedenen Pflanzengattungen, Tiere, wie auch Mineralien – besonders in den heißen Zonen –, so viel des Lichtstoffes aus der Sonne in sich besitzen, da bedarf es dann ja keiner weiteren künstlichen Vorkehrungen, um durch sie der Sonne das künstlich abzuborgen, was man auf einem ganz natürlichen Wege ohne viel Mühe erhalten kann!

Dieser Einwurf ist ganz richtig, und es hat sich bisher beinahe alle Heilkunde darauf gegründet.

Denn wer irgend bekannte heilsame Kräuter gebraucht, wird davon auch sicher allezeit eine Wirkung verspüren; aber kein Kraut ist so beschaffen, daß es den Gesundheitslichtstoff aus den Strahlen der Sonne als allgemein aufzunehmen imstande wäre. Jede Pflanze nimmt nur das ihr *Entsprechende* auf und kann weiter nichts aufnehmen, indem ihr Bau also beschaffen ist, daß sie nur das ihr Zusagende und Entsprechende aus dem Sonnenlichte in sich aufnehmen kann.

Wenn ein Arzt eine kranke Seele genau erforschen könnte, *welche* Lebensspezifika in ihr schwach geworden sind oder gar mangeln, und kennete daneben auch das Kräutlein, das eben dieselben Lebensspezifika in sich enthält, so würde er dadurch einer kranken Seele oder – was dasselbe ist – einem kranken Menschen die volle Gesundheit sicher wiedergeben können.

Aber da solch eine tiefere Kenntnis des Menschen und seiner Seele einem gewöhnlichen Arzte zumeist so unbekannt ist wie ein noch unentdeckter Weltteil, so ist und bleibt sein ärztliches Heilfach stets nurmehr ein Raten denn ein Wissen.

Was die Menschen durch Erfahrungen und selten glückliche Proben sich aus der Heilkraft der Pflanzen, Mineralien und Tiere [zu]eigen gemacht haben, mit dem heilen sie auch gewöhnlich ihre Kranken, und man könnte bei den meisten Ärzten das nordländische Sprichwort in Anwendung bringen, durch das ein solcher Arzt mit einem Knittel verglichen wird: Trifft der Knittel glücklicherweise die Krankheit, so wird es mit dem Patienten besser; trifft der Knittel aber den kranken Menschen statt der Krankheit, so ist der Mensch des Todes!

Hier aber handelt es sich also nicht darum, alte Erfahrungen und neue Versuche zur Heilung der Menschen in Anwendung zu bringen, sondern gewisserart um ein Arkanum, das die kranke Menschheit, solange es die Maschine des Leibes gestattet, *also* wieder neu zu beleben imstande ist, gleichwie das stets stärker und stärker werdende Licht im Frühjahr Pflanzen und Tiere neu belebt, – wenn überhaupt deren Organismus für eine solche Neubelebung aufnahmefähig ist. Denn wohlgemerkt, für ein von manchen Wunderärzten geträumtes ewiges Leben des Leibes auf der Erde im Verbande mit seiner Seele gibt es kein Arkanum. Aber insoweit es aus Meiner Ordnung dem Menschen gegeben ist, sein leibliches Leben zu fristen, kann er bei rechter Diät und dem richtigen Gebrauche des Arkanums ein möglichst hohes und gesundes Alter erreichen.

Da wir nun dieses notwendig vorangeschickt haben, durch das jedermann begreifen kann, wie die verschiedenartigen Lebensspezifika aus den Sonnenstrahlen sich mit der Natur verbinden, so können wir nun zu einer Art [eines] solchen Sonnenstrahlen-Auffangapparates übergehen.

Die erste Art, Sonnenstrahlen aufzufangen

Nehmet eine aus dunkelviolettem Glase angefertigte Tasse im Raumdurchmesser von 3 bis 4 Zoll*, deren Rand etwa 1 Zoll hoch sein kann, aber sehr eben abgeschliffen sein muß. Zu dieser Tasse lasset aber auch einen Deckel also machen, daß derselbe ganz hermetisch [luftdicht schließend] die Tasse dekken kann.

Wenn ihr ein solches Gefäß euch angeschafft habt, welches am tauglichsten ist, so nehmet dann die euch bekannten *Milchzuckerkügelchen*** und streuet sie auf den Boden der Tasse also auf, daß nicht etwa 2 oder 3 Kügelchen einander decken. Stellet dann die Tasse mit den Kügelchen längere Zeit hindurch den Sonnenstrahlen aus, so werden diese Kügelchen

---

* 1 Zoll = 2,63 cm. – Siehe auch die Stn. 46/47: „Erklärung der alten österreichischen Maße und Gewichte des 18./19. Jahrhunderts".

** blinde Milchzuckerkügelchen, wie sie die Homöopathie verwendet.

den Sonnenstrahl und dessen sämtliche Lebensspezifikalgeister in sich aufnehmen. Und so dann bei irgendeinem Krankheitsfalle nach vorhergehender rechter Diät, 1, 2 bis höchstens 3 solcher Kügelchen dem Kranken – am besten vor dem Sonnenaufgange – eingegeben werden, so wird es von drei bis längstens sieben Tagen völlig besser mit ihm. Denn die Seele wird sich davon das Mangelnde nehmen, dadurch gestärkt das Unbrauchbare von sich schaffen und sodann mit Leichtigkeit in ihrem Leibe die rechte Lebensspannung bewerkstelligen.

Im Sommer, wenn die Sonne am heftigsten wirkt, genügt es, wenn die vorbenannten Milchzuckerkügelchen eine Mondumlaufzeit hindurch der Sonne ausgesetzt werden. Sie müssen aber nicht so lange des Tages hindurch der Sonne ausgesetzt bleiben, als wie lange die Sonne am Firmamente sichtbar ist, sondern nur so lange, als die Sonne noch gegen 45 Grad hoch steht. Unter 45 Grad wird wegen der Schiefe des Einfalles der Strahlen ihr Licht und ihre Wirkung zu schwach und übt auf die Kügelchen wenig oder gar keine Wirkung mehr aus. Daher müssen sie dann mit dem obbeschriebenen Deckel sorgfältig zugedeckt und an einem kühl-trockenen Orte bis zum nächsten Tage aufbewahrt werden.

Für eine weitere Aufbewahrung dieser nun mit dem Sonnenlichte geschwängerten Kügelchen müsset ihr euch aus *dunkelviolettem Glase* angefertigte Fläschchen verschaffen, die mit einem reinen Stöpsel desselben Glases von der Luft wohl abzusperren sind; darauf erst können sie mit einer Blase gut abgebunden werden. Die Aufbewahrung muß auch eine kühl-trockene sein.

Im Frühjahr oder Herbst müßte die Aussetzung der Kügelchen an die Sonnenstrahlen wohl drei Monde [Monate] dauern. Die weitere Manipulation bleibt dieselbe. Im Winter ist eine solche Präparation durchaus nicht möglich, weil da die Sonnenstrahlen zu schief und somit zu wirkungslos einfallen.

Die Diät ist völlig dieselbe, wie sie bei der Homöopathie sorgfältig gehandhabt wird, nur mit dem kleinen Unterschiede, daß mit der Diät um wenigstens 3 bis 7 Tage früher angefangen werden muß, als das bei der gewöhnlichen Homöopathie der Fall ist. – In der vorangehenden Diätzeit kann der Patient zu öfteren Malen des Tages *gesonntes Wasser* trinken.

Als Trinkgefäß wäre ebenfalls ein etwas weniger dunkles violettes Glas oder wenigstens ein mit solcher Farbe glasiertes Porzellantöpfchen jedem anderen Gefäße vorzuziehen.

Um das Wasser recht wirksam zu machen, könnet ihr auch ein gutes, 1 ½ Schuh* im Durchmesser habendes Brennglas von höchstens 3 Fuß* Brennweite zu Hilfe nehmen und durch dasselbe den potenzierten Sonnenstrahl, wie er sich im Brennpunkte kundgibt, also auf das Wasser leiten, daß der Brennpunkt, je nach der Höhe des Gefäßes, 1, 2 bis 3 Zoll unter den Wasserspiegel, also mehr in die Mitte der Wassermasse fällt. – Jedoch über eine halbe Minute darf der Brennpunkt nicht im Wasser verweilen, weil dadurch die gewissen erfrischenden Lebensgeister des Wassers von den Lichtgeistern aus der Sonne zu sehr gefangen würden und ein solches Wasser dann bei schwächeren Naturen eine zu heftige Wirkung hervorbrächte, die der nachfolgenden Hauptkur eher hinderlich als förderlich wäre.

Auch ein ganz echter, unverfälschter Wein, wenn er nicht in eichenen Gebinden aufbewahrt ist, sondern entweder wie bei den Alten in Schläuchen oder in gläsernen Flaschen oder wohl auch in Fässern aus süßem Holze wäre, in gleicher Weise behandelt wie das Wasser, bei nervenschwachen Menschen dem Wasser vorzuziehen.

Nach dem Gebrauch solchen Medikamentes muß dieselbe Diät nach Beschaffenheit der Jahreszeit drei Mondläufe hindurch beachtet werden, und der Patient soll häufig in die frische Luft, wenn die Sonne scheint, sich begeben, so wird es mit ihm vollkommen besser werden.

Den Eheleuten ist noch besonders zu bemerken, daß sie sich während der Kurzeit des Beischlafes streng zu enthalten haben; denn der Same beiderlei Geschlechts ist ein Hauptlebensspezifikum und darf der Seele bei der Herstellung ihres Leibes nicht entzogen werden.

---

* 1 Fuß (Schuh) = 31,6 cm.

Wenn ein sogestaltig gesund gewordener Mensch fürderhin mäßig und ordentlich lebt, wird er nicht leichtlich wieder krank und kann ein sehr hohes Lebensalter erreichen.

Dies ist die *eine* Art, wie man auf etwas künstlichem Wege das Sonnenlicht für die Gesundheit der Menschen sich dienstbar machen kann. Über eine weitere – und sogar mehrere Arten – will Ich euch nächstens mehreres zu eurer Kenntnis bringen.

Zweite Art, die Sonnenstrahlen aufzufangen

So die erste euch bekanntgegebene Art irgend Schwierigkeiten hätte – was sehr leicht sein kann –, durch die ihr nicht imstande wäret, euch all das dazu Erforderliche herbeischaffen zu können, so könnt ihr auch noch auf eine andere, der ersten Art aber dennoch ähnliche Weise die Sonnenstrahlen durch ein taugliches Mittel auffangen und in vorkommenden Krankheitsfällen einem Leidenden damit zu Hilfe kommen. Und diese Art besteht darin:

Anstelle der violetten Glastasse könnt ihr auch eine aus gutem Ton gebrannte, entweder ganz schwarz, besser aber dunkelblau glasierte Tasse oder Schale nehmen, und in diese Tasse anstelle der Milchzuckerkügelchen einen andern ganz reinen, erbsengroß *gebröckelten Zucker** also tun, daß nicht ein oder das andre Bröckchen ein darunterliegendes deckt. Stellet dann solchen Zucker eine gleiche Tageszeit wie bei der früheren Art auf wenigstens zwei Monde lang [der Sonne] aus, und verwahret ihn die Nacht hindurch, wie auch nachher, ebenso sorgfältig wie bei der früheren Art in einem dunklen, vor der Einwirkung der Luft wohlverwahrten Gefäße.

Der Gebrauch ist derselbe wie bei der ersten Art, nur mit dem Unterschiede, daß hier die Dosis etwas stärker sein muß

* Wohl am besten den aus Zuckerrohr gewonnenen Kandiszucker.

als bei der ersten Art, weil sich in diesen Zuckerbröckchen in dem tönernen Gefäße die Sonnenstrahlen nicht so sehr konzentrieren wie bei der früheren Art.

Bei Krankheiten, die eine schnelle Hilfe und Linderung brauchen, kann nach dieser zweiten, wie auch nach der ersten Art das Heilmittel sogleich dem Kranken eingegeben werden. Wenn jedoch die vorhin angezeigte Vordiät mit dem Genusse des bekanntgegebenen Sonnenwassers zum voraus beachtet werden kann, so ist die darauffolgende Heilung desto sicherer und schneller, weil dadurch der Seele eine bedeutende Arbeit erspart wird.

Diesen von den Sonnenstrahlen geschwängerten Bröckelzucker könnt ihr sehr wirksam auch also anwenden:

Wenn der Kranke den Tag hindurch einige Trinkgläser voll gesonnten Wassers getrunken hat, so soll er sich darauf in ein gutes Bett legen, in welchem er nach ein paar Stunden sicher in einen Schweiß kommen wird.

Wenn der Kranke also in einem Schweiße ist, so nehmet 1 bis 3 Bröckchen von dem gesonnten Zucker und tauchet das Bröckchen ein wenig in einen der Schweißtropfen und gebet es also dem Leidenden ein. Er wird darauf sich etwas eingenommen* fühlen im Kopfe und im Magen einen leichten Druck verspüren; auch wird es ihn im ganzen Leibe ganz leicht krampfhaft frösteln. Auf dieses Frösteln wird sich dann eine leichte Diarrhöe einstellen, mit welchem der Patient auch vollkommen geheilt ist.

Diese nun beschriebene Wirkungsäußerung kann bei manchen 3, bei manchen sogar bis 7 Tage andauern, je nachdem der Kranke eine leichtere oder schwerere Natur besitzt.

Nach der Herstellung aber soll der Geheilte dennoch die Diät ein paar Wochen hindurch fortdauernd beachten und zuweilen ein Glas voll Sonnenwasser trinken, und er wird von was immer für einem Übel aus der Wurzel [wieder]hergestellt sein.

---

* benommen.

Hierzu ist aber noch zu bemerken, daß bei jenen Krankheiten, die gewöhnlich von Anschoppungen [Blutüberfüllungen] herrühren, eine vorangehende Diät unbedingt notwendig ist, und zwar streng also, wie sie in der besten Homöopathie vorgeschrieben ist.

Hinweise zur Diät

Enthaltsamkeit von allen sauren und gewürzten Speisen und Getränken und besonders Enthaltsamkeit von Bier und Kaffee.

Kaffee aber ist bei weitem das schlechteste, was der Mensch sich aus der Pflanzenwelt zu seinem Genusse erwählt hat. Diese Frucht ist bloß für Pferde, Esel, Kamele und dergleichen Tiere mehr auf der Erde geschaffen und belebt sie und macht ihre Nerven stark. Bei den Menschen aber, die ihn genießen, wirkt diese Feigbohne ganz entgegengesetzt; verdirbt das Blut ungemein, erhitzt die Genitalien, und wenn darauf nicht die alsbaldige Befriedigung erfolgen kann, so entsteht daraus eine völlige Abstumpfung in den reizbaren Teilen des menschlichen Leibes. Und da dieses der Seele viel Mühe macht, solche nur für das grobe Vieh bestimmten seelischen Potenzen aus dem Leibe zu schaffen, so wird sie müde, träge, nachlässig, oft düster, mürrisch und traurig. Ich sage euch: Eine Tasse voll mit Zucker versüßter Mistjauche getrunken, wäre dem menschlichen Leibe bei weitem gesünder als die braune Brandsuppe dieses groben Tierfutters.

Ich habe euch die Schädlichkeit des Kaffees nun bloß deswegen gezeigt, weil Ich es nur zu gut sehe und weiß, wie sehr besonders die weibliche Menschheit an diesem Eselsfutter hängt, ihrer Natur aber nicht leichtlich etwas schädlicher ist als eben der Genuß dieses Getränkes! Und es macht auch nicht leichtlich irgend etwas den Leib – besonders den weiblichen – für eine heilsame Medizin unempfänglicher als eben dieser Kaffee. Daher soll er auch, besonders während einer oder der anderen Krankheit und namentlich bei dieser sonnenhomöopathischen Behandlung, allersorgfältigst gemieden werden, weil sonst die Medizin nicht im geringsten wirken könnte.

So jemand Gift genommen hätte, wäre aber vorher ein starker Kaffeetrinker und würde nach dem Gifte auch eine tüchtige Portion Kaffee zu sich nehmen, so würde dadurch sogar die Wirkung des Giftes getötet.

So aber der Kaffee solche grelle Wirkung [des Giftes], wenn sie nicht zu intensiv ist, zu töten vermag, um wieviel [eher] die zarte und sanfte seelenspezifische Wirkung der euch nun gezeigten neuen, sonnenstrahlen-homöopathischen Medikamente! Daher ist sich sorgfältig vor solcher Speise zu hüten, die gewisserart ärger noch als das bekannte Opium die Einwirkung edler und reiner Medikamente hemmt.

Frische Mehlspeisen, entweder in einer frischen, aus reinem und gesundem Fleisch gewonnenen Brühe oder auch in frischer, guter, nicht zu fetter Milch gekocht, sind – mäßig genossen – allen anderen Speisen vorzuziehen. Es können aber auch – mit Ausnahme der Bohnen und Linsen – andere Viktualien* genossen werden.

Grütze aus Türkischweizen**, gut gekochter Reis, auch Hirsegrütze können, mit obbenannter Brühe oder Milch zubereitet, sehr vorteilhaft genossen werden.

Gut gekochtes und gesundes Fleisch – mäßig genossen – schadet auch nicht, nur soll es mit *gekochtem Obst,* Äpfeln und Birnen, auch Zwetschgen, genossen werden, und das mäßig; denn das Fleisch enthält gleichfort Seelenspezifika gröberer und untergeordneter Art. Wenn es aber mit Obst genossen wird, so werden diese Spezifika gemildert, und es wird solche Speise dem Kranken gut zustatten kommen.

Die sogenannten *Grünspeisen* aber sind – wenigstens die Zeit der medizinischen Behandlung hindurch – hintanzuhalten, denn die seelischen Nährspezifika der genießbaren Kräuter und Wurzeln sind noch viel unlauterer als die im Fleische der Tiere und sind daher,. wie gesagt, hintanzuhalten.

---

* Lebensmittel. ** Mais.

Diese zweite euch hier angezeigte Art [d.i. die Verwendung groben gesonnten Zuckers] wirkt bei rechtem Gebrauch, vollem Glauben und Vertrauen auf Meine tätige Mithilfe so gut wie die erste und ist leichter zu bewerkstelligen. Nur braucht sie etwas mehr Zeit; aber das tut ja doch nicht gar soviel zur Sache.

Wer sich die erste Art bereiten kann, ist freilich wohl sicherer daran; ist dies aber nicht leicht tunlich, so kann Ich bei rechtem Glauben und Vertrauen die zweite Art ebensogut segnen wie die erste.

Ohne Meine Mithilfe wirkt aber ohnehin keine Medizin, außer zum Nachteil und Verderben des Leibes – und nachweilig auch oft der Seele!

Nächstens von einer dritten Art.

Dritte Art, die Sonnenstrahlen aufzufangen

Für die dritte Art sollet ihr sehen, ein von allen mineralischen Teilen, besonders von Arsenik, befreites Salz zu bekommen. Am besten wäre vollkommen *reines Schwefelsalz* oder auch an dessen Stelle ein reines Meersalz, das vorher jedoch so weit durchgeröstet werden müßte, bis es keinen sichtbaren Dampf mehr von sich gibt; nachher aber müßte es fein zu Pulver gemacht werden.

Dieses Salz müßte dann auch, so wie nach den zwei bekannten Arten der Zucker, 2 bis 3 Monde [Monate] lang den Sonnenstrahlen ausgesetzt werden, und zwar ebenfalls in einer Art der früher beschriebenen dunklen Gefäße, von denen die von dunkelviolettblauer Farbe die besten sind.

Wenn das Salz aber an der Sonne ist, so muß das dabei beachtet werden, daß es des Tages hindurch etliche Male mit einem eigens dazu angefertigten gläsernen Stiele durcheinandergerührt werde. Dieses Durcheinanderrühren muß deshalb geschehen, weil das feingepulverte Salz in jenem Gefäß, in welchem es der Sonne ausgesetzt wird, doch ungefähr zwei Linien [4,4 mm] hoch liegen könnte. Damit dann auch die unteren Salzteilchen den Sonnenstrahlen ausgesetzt werden, muß dies durch das Umrühren bewirkt werden. Nur muß beim Umrühren das beachtet werden, daß sich dabei nicht zu viele Furchen oder Häufchen bilden; und werden solche dennoch gebildet, was oft unvermeidlich ist, so müssen sie ausgeglichen werden, auf daß der Sonnenstrahl überall gleich einwirken kann.

Nachdem solche Salzgattungen die vorbeschriebene Zeit hindurch mit den Sonnenstrahlen hinreichend geschwängert worden sind, so sind sie, wie der Zucker in der ersten und zweiten Art, in dunklen und trockenen Gefäßen vor der Einwirkung der atmosphärischen Luft gut zu verwahren und müssen nebstdem an den trockensten Orten des Zimmers in trockenen Kästchen aufbewahrt werden.

Wenn man sie bei einer Krankheit gebrauchen will, so soll dazu ein eigenes Löffelchen – entweder aus Gold oder feinstem Silber – zu dem Behufe angefertigt werden, um damit von dem Salze aus dem Gefäß so viel zu nehmen als man braucht. Das Löffelchen darf nur so viel Schöpfraum haben, als welchen da ein kleines Linsenkorn einnehmen würde; und diese Portion ist dann für erwachsene Menschen auch schon hinreichend. Kindern unter 14 Jahren gibt man nur die Hälfte, und Kindern unter 6 Jahren nur ein Viertel; denn die Wirkung dieses Salzes, besonders des reinen Schwefelsalzes, ist überaus stark und wirkt besonders auf das Knochensystem wie auch auf die Zähne und Haare des Menschen, daher es auch bei Beinbrüchen vorzugsweise zu gebrauchen ist. Denn so jemand ein Bein gebrochen hat und das gebrochene Bein wird dann auf die gewöhnliche Art wohl eingerichtet und abgebunden, so wird es in wenigen Tagen nach der Einnahme dieses Salzes wieder vollends geheilt sein.

Ist der Beinbruch sehr bedeutend und durch denselben auch das am Bein klebende Fleisch und Muskelwerk verletzt, so kann man auch äußerlich entweder mit Umschlägen von gesonntem Wasser oder mit der bekannten grünlichen Arnikasalbe dem verletzten Fleische zu Hilfe kommen; aber man menge allzeit sowohl in das Wasser als auch in die Salbe eine bis zwei Dosen des nun bekanntgegebenen Salzes.

Nur dürfen von diesem Salze *innerlich* – selbst beim stärksten Menschen – höchstens 1 ½ Portionen gebraucht werden, und es darf nur ***ein einziges Mal*** eingenommen werden, weil es bei öfterem Einnehmen statt der Heilung in kurzer Zeit den Tod herbeiführen würde; denn da es hauptsächlich auf den Knochenorganismus wirkt, so würde es das Knochenwachstum so außerordentlich fördern, daß in kurzer Zeit ein oder der andere Mensch in all seinen Teilen beinahe ganz verknöchert würde.

Durch einen rechten Gebrauch aber gibt es dann dem ganzen Leib eine rechte Spannung und bewirkt mit der Zeit einen vollkommenen Leibeswechsel, so daß nach einem Jahr von dem Leibe, den die Seele vor einem Jahre mühsam herumschleppte, nicht ein Gran mehr vorhanden ist. – Sogar die Zähne, die mancher Mensch verloren hat, werden wieder ersetzt; aber die älteren Zähne werden dabei leichtlich um eine Linie länger, aus welchem Grunde man auch die Portion nicht übertreiben darf, weil jemand dadurch an seinem Gebiß zu Unbequemlichkeiten gelangen würde.

Das hier Angezeigte ist die besondere Wirkung dieses Salzes. Es heilt, richtig gebraucht, so wie die früheren Mittel auch jedes leibliche Übel; aber es muß dabei eine große Vorsicht gehandhabt werden! Denn bei den früheren Arten kann dadurch kein namhafter Schaden angerichtet werden, so man dem Kranken nach Beschaffenheit seiner Natur und Krankheit auf einmal eine größere Portion eingäbe oder dieselbe im Notfalle nach etlichen Tagen wiederholte; aber bei diesem Salz darf nie eine Wiederholung – außer erst nach 10 Jahren – stattfinden, und die Portion darf das vorgeschriebene Maß nie übersteigen.

Die *Diät* ist aber dabei ebenso sorgfältig zu beachten wie bei den früheren Arten. Nur muß der Kranke sich von sauren Getränken und Speisen wenigstens um 14 Tage länger enthalten als bei den früheren Arten; denn dieses Salz enthält überaus intensive Seelenspezifika, die auch in jeder andern Säure mehr oder weniger zu Hause sind, und es würde daher in der ersten Zeit aus den in den Magen und Leib gekommenen andersartigen Säuren die ihm ähnlichen Seelenspezifika im Leibe anziehen und sie dadurch über das Maß vermehren, was am Ende dieselben Wirkungen hervorbringen würde, als so man gleich zu Anfang eine doppelte oder dreifache Portion eingenommen hätte.

Im übrigen aber hat dieses Salz auch noch die Wirkung, daß, so es ein schon nahe dem Tode Verfallener auf die Zunge bringt und sein Organismus noch nicht zu gewaltig zerstört ist, er wieder entweder völlig gesund werden, in jedem Falle aber das Leben dadurch noch einige Zeit fristen kann.

Auf eure Frage, welche Gattung Schwefelsalz anzuwenden sei, diene euch dies zur Antwort: Ich weiß es noch bei weitem besser als alle Chemiker und Apotheker, daß aus dem Schwefel mannigfache Präparate gemacht werden und noch viel mehr, als bisher bekannt sind, gemacht werden können und schwefelige Salze heißen, indem der Schwefel – zum Teil ein Mineral, zum andern Teil ein Fett, aus den inneren Eingeweiden der Erde entspringend – ebensoviele Salzarten in sich hat, als er verschiedenartige eigentlich mineralische Teile in sich enthält.

Dieses alles jedoch nenne Ich nicht das allgemeine Schwefelsalz, sondern was von Mir aus als Salz bezeichnet ist, das ist die *Säure* im Schwefel. Die Säure aber, wie ihr sie kennt, ist eben auch von zweifacher Art, nämlich die bekannte rauchende braune und dann die geläuterte wasserreine.

Diese letztere soll so behandelt werden, daß sie sich kristallisiert, und diese Kristalle sind dann von aller noch vorhandenen Feuchtigkeit auf einem geeigneten Wege zu befreien.

Nachdem sie also soviel als möglich trocken sind, werden sie in einem reinen Gefäß aus Porzellan mit einem Pistille* zu Pulver zerrieben. Während des Reibens aber tue man auf ei-

* Stampfer.

nen Kaffeelöffel voll solchen Salzes ein Viertel soviel als möglich arsenikfreie Schwefelblüte hinzu und verreibe sie wohl mit dem andern Pulver, – und dann ist das [dieses Gemisch] dasselbe Schwefelsalz, das in der vorliegenden Mitteilung für den bekanntgegebenen Zweck als Schwefelsalz zu gebrauchen ist.

Auf diese Weise kann ein Apotheker oder Chemiker – so er sich die Mühe geben will – das bedungene Schwefelsalz bereiten; aber es wird jedem damit etwas schwer werden, weil eben diese aus der reinen Schwefelsäure gewonnenen Kristalle etwas schwer zu trocknen sind. Das Trocknen bewirkt am besten die Zeit, indem man die Schwefelsäure so lange kristallisieren läßt, bis sich die Kristalle zu einer sichtlichen Gediegenheit ausgebildet haben. –

Eine etwas leichtere, aber eben auch nicht so kurzweilige Methode, sich aus solcher Säure Kristalle zu bereiten, wäre allenfalls auch diese: Man nehme eine Glastasse mit einem ebenen Boden (von dunklem Glase ist sie besser als von lichtem). Diese Tasse stelle man an die Sonne – oder im Winter, was freilich nicht so gut ist, auf ziemlich heißen Sand – und gebe auf einmal soviel dieser Säure hinein, daß die Säure so hoch den Boden bedeckt, als wie hoch da ein einziger Tropfen über den Boden zu ragen pflegt, also höchstens eine viertel Linie [0,55 mm] hoch.

Diese Säure lasse man dann den Sonnenstrahlen ausgesetzt, so wird das Sonnenlicht und dessen Wärme die wässerige Feuchtigkeit aus der Säure heben, und der Boden des Glases wird dann ersichtlich mit einer sehr dünnen Kruste überzogen sein. Diese Kruste ist dann schon eben die kristallisierte reine Schwefelsäure. Über diese Kruste gibt man wieder mehr Säure und läßt sie auf vorbenannte Weise verdampfen.

Macht jemand dieses Präparat im Winter, so muß er dazu ja nicht etwa ein Wohnzimmer oder eine gewöhnliche Speiseküche wählen, sondern muß zu diesem Behufe schon ein eigenes kleines Laboratorium haben, weil die von der Säure sich trennenden wässerigen Dämpfe auf jede menschliche Brust einen schädlichen Einfluß nehmen würden.

Im übrigen verfahre man so wie bei der Abdampfung durch die Sonne, welche – wie schon gesagt – die bei weitem vorzüglichere ist, weil die Kristalle auf diese Weise schon von den Sonnenstrahlen im voraus gesättigt und hernach bei der zweiten Sättigung desto kräftiger werden. –

Es gibt aber noch mehrere Arten, solche konzentrierte reine Schwefelsäure zum Kristallisieren zu bringen. Wenn man diese Säure in reine, aus gutem Ton gebrannte und nicht glasierte Geschirre gibt, sie aber wohl verstopft, so werden sich bald an der äußeren Wand des tönernen Gefäßes Kristalle zu bilden anfangen. Solche Kristalle sind dann eben auch also zu gebrauchen wie andere, die man auf noch andere Weise gewinnt.

Mit der Gewinnung der Kristalle aber dürfte es leichter gehen, als mit der Gewinnung einer vollkommen arsenikfreien Schwefelblüte.

Zur Bereitung der Kristalle aber ist die ganz reine, weiße, konzentrierte englische Schwefelsäure vorzuziehen; denn in England wird sie am reinsten bereitet.

Es wäre aber das erforderliche Schwefelsalz als sehr brauchbar noch auf eine andere Weise zu gewinnen; da aber zu dessen Gewinnung zu viele, ziemlich kostspielige Apparate und eine kürzeste Zeit von ein bis zwei Jahren erforderlich sind, so unterlasse Ich, die derartige Gewinnung des sehr brauchbaren Schwefelsalzes euch näher zu beschreiben, werde euch aber späterhin gelegentlich durch den Knecht dafür eine spezielle Beschreibung geben nebst der nötigen Zeichnung der Apparate*.

Damit ist euch nun die dritte Art vollends bekanntgegeben und deren Gebrauch gezeigt.

Aber wohlgemerkt, das gewöhnliche Kochsalz wie auch das Laugensalz – entweder vom Salze oder von verschiedenen Pflanzen – ist für diese Präparierung durchaus nicht geeignet, weil das erstere, nämlich das Kochsalz, zuviel grobe mineralische Teile in sich enthält und sogar nicht arsenikfrei ist, – die Laugensalze aber zu auflösend und mitunter zerstörend wir-

* Beides, Beschreibung und Zeichnung, liegt dem Verlag leider nicht vor.

ken. Also nur die bekanntgegebenen Salze sind für diese Präparierung geeignet.

Und somit ist für heute über diesen Punkt zu eurer verlangten Wissenschaft genügende Erklärung gegeben worden.

Bevor wir aber von einer vierten Art fortfahren, will Ich euch noch etwas weniges von der dritten Art hinzufügen, und zwar namentlich von den Bereitungsgefäßen, die im Notfalle auch für die erste und zweite Art zu gebrauchen wären. Und was Ich euch darüber zu sagen habe, besteht darin:

So ihr irgendeines der beschriebenen Gefäße schwer oder gar nicht bekommen könnet (d.h. in diesem Jahre [1851]), so könntet ihr euch an dessen Stelle – aber dennoch wenn möglich von gleicher Farbe – eines aus sogenannter Papiermaché, gleich wie die sogenannten Tabaksdosen, anfertigen lassen. Nur müßte die Masse ziemlich dick genommen, sehr gut ausgebacken und lackiert sein.

Sollte der Lackierer die dunkelviolette Farbe auch da nicht zuwege zu bringen imstande sein – Ich rede hier von solchen Fabrikanten in dieser Stadt (Graz); in Wien, Böhmen, Paris und London wäre das etwas Leichtes –, so tut es sich auch mit der schwarzen Farbe.

Nur hat die schwarze Farbe das in sich, daß sie im Einsaugen zu wenig auswählsam ist; sie nimmt alles per Bausch und Bogen an, was ihr zukommt. Daher rate Ich euch, bei den schwarzen Gefäßen die Sonnenstrahlen nicht unmittelbar auf die unterhalb liegenden Einsaugungsmedikamente fallen zu lassen, sondern durch ein etwas bläuliches, aber sonst ganz reines Glas, welches auf das Gefäß sehr gut anzupassen hat.

Bei den Zuckerpräparaten würdet ihr am besten tun, so ihr das obenerwähnte Glas mittels eines aufgelösten Gummis an den Rand des Gefäßes leicht aufklebt; so braucht ihr dann über Nacht oder an Tagen, an denen die Sonne nicht scheint, das also zubereitete Gefäß mit seinem Medikamentinhalt nur mit einem gleichen* Lappen Tuches zu bedecken und an einen

* gleichfarbigen.

trockenen Ort zu stellen. – Bei den Salzen müßte aber ein eigener Deckel angefertigt werden, der vorerst auf das Gefäß genau paßt; an der Stelle der oberen Decke des Deckels aber müßte dann eine oben beschriebene Glasscheibe, hermetisch schließend, eingekittet sein. Denn bei den Salzen muß, wie ihr wißt, öfteres Rühren stattfinden. Wenn das Gefäß mit solch einem Deckel versehen ist, den man mit leichter Mühe wegnehmen kann, so kann solches Rühren leicht bewerkstelligt werden. Nur müßte das Gefäß zur Präparierung der Salze noch einmal so gut und stark lackiert sein als für die Präparierung der Zuckermedikamente.

Da wir nun dieses vorausgeschickt haben, so können wir sogleich ungehindert zur vierten Art übergehen.

Eine vierte Art der Verwendung des Sonnenlichtes zu Heilzwecken

Nehmet einen aus Serpentinstein angefertigten Tiegel, der ungefähr 2 Seidel* guten Maßes hält. Nehmet zum Tiegel auch einen vom gleichen Steine angefertigten Rühr- oder Reibpiston** und sehet dann, ob ihr von einem Fleischer 1 oder 1 ½ Seidel Lämmerblut, oder, im Falle dieses nicht zu haben wäre, ganz gesundes Kalbsblut bekommen könnt. Tut dieses Blut in den vorbeschriebenen Tiegel, und so ein Tiegel zu klein wäre, so nehmet zwei und gebet in einen jeden die Hälfte des Blutes, das ist entweder ein halbes oder ein dreiviertel Seidel. Setzet dann dieses Blut, so wie die früheren Medikamente, der Sonne aus und rühret es so lange gleichfort um, wie die Sonne darauf scheint. Die Nacht über müßt ihr es aber vor der Einwirkung der Luft wohl verwahren und es an einen kühl-trockenen Ort stellen.

Dieses Rührverfahren und Ausstellen des Blutes an die Son-

* 1 Seidel = 0,25 Maß = 0,35 Liter. ** Piston = Stampfer.

ne geschieht so lange, bis das Blut völlig eintrocknet. Wenn es völlig eingetrocknet ist, dann pulverisieret es im gleichen Gefäße und mit demselben Piston durch Reiben, Quetschen und Stoßen.

Habt ihr auf diese Weise ein rotbräunliches Pulver erhalten, so verwahret es dann in reinen, dunklen Glasgefäßen.

Dieses Medikament ist eben wieder also zu gebrauchen wie die ersten zwei Arten und wirkt ebenfalls universell. Hauptsächlich aber wird es den Lungenkranken gut zustatten kommen, wie auch jenen, die an häufigen Blutungen einer oder der anderen Art leiden.

Wenn das Blut nach einigen Ausstellungen auch durch irgend einen dem Blute eigentümlichen Übelgeruch eure Geruchsorgane affizieren [reizen] würde, so macht euch nichts daraus; denn solcher Geruch ist nicht schädlich und geht endlich, wenn das Blut schon trocken ist, in einen förmlichen Wohlgeruch über.

Aber Blut von einem anderen Tiere, wie auch das Blut des Rindes und der Schafe, dürft ihr nicht nehmen; denn wenn derlei Tiere sich einmal vom Grase zu nähren beginnen, so werden ihre Seelenspezifika im Blute auch gröber und unlauterer, und diese würden dann aus den Sonnenstrahlen nur das ihnen Homogene einsaugen.

Daher ist das Blut von den genannten zwei Tiergattungen (Lamm und Kalb) für den vorbeschriebenen Zweck nur so lange zu gebrauchen – vorausgesetzt, daß die Tiere ganz gesund sind –, als eben diese Tiere noch von der Milch der Mutter leben.

Dieses Medikament, wenn es gut verwahrt ist, behält die gleiche Wirkung vollkommen ein ganzes Jahr hindurch; nach einem Jahre aber wird es schwächer. Man kann es zwar dadurch stärken, daß man es wieder einige Zeit den Sonnenstrahlen aussetzt, aber besser bleibt immer ein neues.

Das ist demnach die vierte Art. Nächstens von einer andern.

Eine fünfte Art der Verwendung des Sonnenlichtes zu Heilzwecken

Als Medizinen zum Einnehmen genügen die vier Arten vollkommen; aber dessenungeachtet kann der Sonnenstrahl zur Heilung mannigfacher leiblicher Leiden noch mehrartig nutzbringend in Anwendung gebracht werden.

So zum Beispiel jemand eine äußerliche krebsartige Wunde hätte, da nehmet ein mäßiges [nicht zu starkes] Brennglas und überfahret solche Wunde des Tages zu öfteren Malen mit dem Sonnenbrennpunkte, – so zwar, daß mit solchem Brennpunkte die ganze Wunde überfahren wird, wobei aber doch zu bemerken ist, daß man mit dem Brennpunkte über einer Stelle nicht zu lange verweilen darf.

Nach solchem Überfahren mit dem Brennpunkte tauchet einen ganz frischen leinenen Lappen in gesonntes Wasser und leget solchen über die Wunde, was öfter in einer Stunde zu wechseln ist, so wird der also Leidende – bei übrigens rechter Diät – in Kürze von seinem Übel geheilt werden.

So ihr aber statt des Lappens gute, reife Blätter der Tabakpflanze haben könntet, so wären diese dem Lappen vorzuziehen; aber sie müßten auch zuvor, auf einer Glastafel liegend, von der Sonne etwas gebäht werden.

Ebenso heilsam anstelle des Sonnenwassers wäre eine sogenannte *Sonnentinktur*, welche also zu bereiten ist:

Ihr kennt das Alpenkraut, *Arnika* genannt. Von dieser Blume müsset ihr bloß die Blüte, das heißt, bloß die gelben Blütenblätter und die Staubfäden nehmen und sie dann, ungefähr zwei Handvoll, auf ein Halbmaß guten Spiritus* geben. Dieser Spiritus ist in einer lichten Flasche wohlverstopft vierzehn Tage bis drei Wochen lang den Sonnenstrahlen auszusetzen und während dieser Zeit zu öfteren Malen aufzurütteln. Nach solcher Zeit wäre dann dieser Spiritus, nun schon Sonnen-

* Ein Halbmaß Spiritus = 0,7 l Weingeist.

tinktur, in eine dunkle Flasche abzuseihen und also wohl zu verwahren.

Von dieser Tinktur wäre dann bei Gebrauch auf ein Quintel * gesonnten Wassers 1 Tropfen zu nehmen, nur bei stärkeren Wunden 3 bis 5 Tropfen. Damit ist dann ein obenerwähnter leinener Lappen, der zuvor an der Sonne zu erwärmen ist, zu benetzen und auf die Wunde zu legen. Dadurch ist, so wie durch die früheren zwei Mittel, [die Wunde] in ehester Zeit zu heilen.

Auch venerische Beulen, Flechten und Kopfgrinde können damit leicht geheilt werden, wenn die innere Diät danach beschaffen ist.

Noch ein anderes Mittel gegen derlei bösartige Außenwunden besteht darin:

Nehmet guten und *frischen Hanfsamen*, trocknet ihn 14 Tage hindurch an der Sonne und verwahret ihn sodann an trockenem Orte in verschlossenen Gefäßen. Wenn irgend ein Bedarfsfall vorkommt, so gebet solchen Hanf in eine Ölpresse, nachdem ihr ihn zuvor etwas zerquetscht habt, – da werdet ihr ein recht feines Öl daraus bekommen.

Mit diesem Öle beschmieret dann zu öfteren Malen solche Wunden, und sie werden, bei rechter Diät, in kurzer Zeit heilen ohne schädlichen Einfluß auf den Körper.

Von diesen also zubereiteten Samenkörnern läßt sich auch eine Art Milch – auf die Weise wie die Mandelmilch – bereiten, die denen sehr gut zustatten kommen wird, deren Eingeweide nicht ganz in der Ordnung sind. Die zum Beispiel Tuberkeln in der Lunge, Verhärtungen in der Leber und Milz, wie auch in den Nieren haben, werden beim Genuß solcher Milch eine günstige Wirkung verspüren.

Nur da, wo die inneren Teile mehr einem Austrocknen sich nähern, wäre eine Milch aus *Leinsamen*, der gleichfalls vorher an der Sonne getrocknet werden müßte, der Hanfsamenmilch vorzuziehen.

---

* 1 Quintel = 60 Gran = 4,4 Gramm.

Ferner ist noch ein Mittel zur Stillung von Schmerzen in den Gliedern ganz einfach also zu bereiten:

Man nehme wo möglich ein ganz frisch gepreßtes *Baumöl* *, ungefähr ein Pfund, gebe es in eine wohl zu verstopfende Halbflasche und tue, was in dieser Zeit leicht zu bekommen ist, eine gute Handvoll *Mohnblütenblätter* hinein. Die Blätter des wilden Mohns oder des kleinen Feldmohns wären denen des großen Gartenmohns vorzuziehen.

Wenn solche Mohnblütenblätter im Öle sich befinden, so verstopfe man die Flasche wohl und stelle sie ebenfalls 2 bis 3 Wochen lang der Sonne aus, auch rüttle man die Flasche samt ihrem Inhalte öfter am Tage.

Nach dieser Zeit gieße man solches Öl in eine Flasche – wenn die Flasche dunkel ist, ist es besser, sie kann aber auch licht sein –, dann verstopfe man das Öl wohl.

So nun jemand von den vorher erwähnten Schmerzen befallen wird, so benetze er einen frischen, gesonnten Lappen mit diesem Öl und lege ihn auf das schmerzende Glied, so wird es in Kürze besser. Auch bei Brust- und Seitenstechen, wenn solche rheumatischer oder gichtischer Art sind, kann solches Öl mit großem Vorteile angewandt werden.

Nächstens von noch einigen Arkanen oder Hauptlebensmitteln.

Eine sechste Art der Verwendung des Sonnenlichtes zu Heilzwecken

Somit wollen wir auf die Bereitung eines anderen, ebenso kräftig wirkenden Heilmittels übergehen.

Nehmet *fettfreie Milch von einer Ziege*, gebet sie in eine ähnliche Glastasse, wie Ich sie euch früher zur Gewinnung der Schwefelkristalle beschrieben habe. Ist eine solche Tasse

* Vermutlich Olivenöl.

schwieriger zu bekommen, so tut es sich auch mit einer quadratschuhgroßen dunkelvioletten Glastafel.

Betropfet diese Tafel mit vorerwähnter Milch und stellet sie an die Sonne. In kurzer Zeit werden die Tropfen eingetrocknet sein.

Sind die Tropfen trocken, dann beträufelt die Tafel abermals mit der Milch, und das so lange fort, bis sich über der Glastafel oder über dem Boden der Tasse eine ziemlich dicke Kruste gebildet hat.

Schabet dann diese Kruste behutsam von der Glastafel, pulverisieret sie noch mehr durch Reiben und hebt solches Pulver in einem Glasgefäß, vor der Einwirkung der Luft verwahrt, an einem trockenen Orte auf.

Zu gleicher Zeit aber gebt in ein weißes Glasgefäß, das aber von gleichem Glase einen kuppelartigen, wohlschließenden Deckel haben muß, bis zur Hälfte desselben *geschabten, reinen Kampfer* und stellt solchen Kampfer, also verschlossen, ebenfalls an die Sonne. Dadurch wird sich der eigentliche Kampfer im Glase von Tag zu Tag vermindern, aber in der obenauf befindlichen Glaskuppel wird sich ein weißlicher Reim* bilden.

Wenn durch den Reim (Reif) die Glaskuppel schon ziemlich undurchsichtig wird, so nehmt sie herab und gebt das vorbereitete Milchpulver hinein und rührt dieses so lange in dieser Kuppel um, bis das Milchpulver diesen Reim vom Glase weg und in sich aufgenommen hat.

Solches Pulver verwahret wohl in dazu geeigneten Fläschchen. Es ist ein Hauptmittel gegen alle inneren wie auch äußeren Übel, die von übermäßigen Anschoppungen** herrühren und in allen Teilen des Leibes Geschwülste, Entzündungen und Beulen verursachen.

Dieses Mittel ist auch vorzugsweise für Pestkranke zu gebrauchen; auch bei der Cholera wird es vorzügliche Dienste leisten.

---

* Niederschlag.

** Blutüberfüllungen, Blutstauungen.

Lungensüchtige werden damit ebenfalls leicht kuriert.

Also werden auch bösartige Hautausschläge, wie die Rose und der bekannte Scharlach, am ehesten geheilt.

Der Gebrauch dieses Mittels ist ein doppelter: Man nimmt davon 1 bis 3 Gran * ein; – oder, wenn an den Extremitäten – als Händen und Füßen – Geschwülste vorkommen, so reibe man mit diesem Pulver ein reines, gesonntes Leinentuch ein und lege es trocken auf die Geschwulst, und es wird sich in Kürze die ganze Geschwulst zerteilen. Dazu ist es aber auch immer angezeigt, je nach Beschaffenheit der Natur, 1 bis 3 Gran einzunehmen.

Dieses Pulver hat auch noch die Eigenschaft, einen Sterbenden auf längere Zeit zu beleben und manchmal, so es nicht wider Meine Ordnung ist, auch vollkommen wieder gesund zu machen, in was immer für einer Krankheit es auch jemand bis zum Sterben gebracht hätte durch eine frühere, untaugliche Benutzung grober, allopathischer Heilmittel. – Nächstens noch ein anderes Arkanum.

Einige weitere Sonnenheilmittel

Zu dem bisher Gesagten und Gezeigten will Ich euch noch einige Medikamente, durch die Sonnenstrahlen präpariert, hinzugeben, die jedoch mehr äußerlich als innerlich zu gebrauchen sind, und die ihr *sonnenstrahlensympathetische Heilmittel* nennen könnt.

Nehmt das Zweigholz samt der Rinde eines Zwetschgenbaumes und verbrennt es zu Asche.

Am besten wäre es freilich, wenn ihr ein so starkes Brennglas oder einen Hohlspiegel hättet, um mit dessen Brennpunkte das *Zwetschgenholz*, das natürlich vorher zu kleinen Schei-

* 1 Gran = 0,07 Gramm.

teln (Spänchen) gemacht werden müßte, zu Asche zu verbrennen.

Diese Asche müßte dann noch eigens 5 bis 8 Tage den Sonnenstrahlen ausgesetzt werden, in einem dunklen Gefäße natürlich besser als in einem lichten.

Nachdem diese Asche also durch die Sonnenstrahlen präpariert ist, muß sie – so wie die anderen Medikamente – in einem trockenen Fläschchen, vor der Einwirkung der äußeren Luft besonders wohl verwahrt, an einem trockenen Orte aufbewahrt werden.

Wenn jemand angefressene Zähne hat, so nehme er ungefähr 5 bis 8 Gran davon auf ein halbweiches Zahnbürstchen, das zuvor in einen gesonnten Zwetschgengeist zu tauchen ist.

Mit dem also mit der Asche versehenen Bürstchen reibe man sich den angefressenen Zahn 3 Tage hindurch, und zwar des Morgens und des Abends, recht wohl aus, und der Beinfraß wird dadurch eingestellt und am Ende eine vollkommene Herstellung des Zahnes bewerkstelligt werden.

Man kann sich eine ähnliche Asche auch aus der *Salbeistaude* bereiten, die dann auf die gleiche Weise zu behandeln ist; nur ist da das Bürstchen nicht in puren Zwetschgengeist zu tauchen, sondern in einen mit ätherischem Salbeiöl geschwängerten, ungefähr vierziggradigen Weingeist.

Den Weingeist aber schwängert man mit dem ätherischen Salbeiöl dergestalt, daß man auf 1/8 Seidel 8 bis 10 Tropfen Salbeiöl gibt, dann das Fläschchen wohl verstopft, es gut durcheinanderschüttelt [seinen Inhalt] und 5 bis 8 Tage hindurch den Sonnenstrahlen aussetzt, darauf das Fläschchen entweder mit einer dunklen Farbe [bestreicht] oder [mit dunklem] Papier umwickelt und es alsonach zum Gebrauch an einem trockenen Orte aufbewahrt.

Ein Sonnenheilmittel gegen die Brechruhr und Cholera

Sammelt *frische Wacholderbeeren* zur Zeit, wenn sie anfangen blau zu werden, und reinigt die Beeren von den Nadeln.

Wenn die Beeren also gesammelt sind, so nehmet ein blaues Tuch aus Leinenfäden, breitet dieses auf irgendeinem trockenen Orte, dahin die Sonne scheint, aus; über einen hölzernen alten Tisch wäre es am besten. Auf dieses Tuch gebet die gesammelten Beeren und breitet sie so aus, daß nicht eine Beere die andere deckt.

Wenn die Sonne in der Zeit schon etwas schwächer ist, so kann man die Einwirkung der Sonnenstrahlen dadurch erhöhen, daß man neben dem Tisch, auf dem die Beeren ausgebreitet sind, der Sonne gerade gegenüber eine etwa ein paar Ellen hohe weiße Wand bildet, was mittels eines aufgehängten Leintuches sehr leicht zu bewerkstelligen ist.

Am Abend faßt man das [blaue] Tuch an den vier Enden und gibt die Beeren samt dem Tuch in eine so große gläserne Flasche, daß darin Tuch und Beeren Platz haben. Die Flasche decke man aber die Nacht hindurch so gut als möglich zu.

Man setze die Beeren so lange der Sonne aus, bis sie eine pfefferartige, runzlige Haut bekommen; sodann kann man die Beeren in dieselbe Flasche, aber ohne Tuch, zur ferneren Aufbewahrung geben, [muß] sie aber mit einer Blase gut abbinden und an einen trockenen Ort stellen. Also präparierte Beeren lassen sich viele Jahre hindurch gleich kräftig erhalten.

Wenn an einem Orte vorerwähntes Übel [Brechruhr] grassiert, so verzehre man morgens 3 bis 7 solcher Beeren, nehme auch einen Teil und pulverisiere ihn und räuchere damit die Zimmer und das Gewand, das man zum Ausgehen anzieht, [ein]; – so kann dieses Übel in einem Orte noch so grassieren, so wird dennoch derjenige, der besagtes Mittel im Glauben und Vertrauen auf Mich nach Vorschrift anwendet und dabei diät lebt, sich der Venus und sonstiger Schwelgereien enthält, vollkommen bewahrt bleiben.

Solche Beeren, in einem Quellwasser (1 Seidel) bei mäßigem Feuer aufgekocht und nachher getrunken, das heißt bloß das Wasser, befreien auch den, der die Cholera bekäme, in kurzer Zeit von diesem Übel.

Mit etwas Wein mit Wasser gekocht, heilt dieses Mittel, nämlich dieser Wacholderbeertee, auch die Pest, vorausgesetzt, daß dieses Übel nicht schon das höchste Stadium erreicht hat. Solcher Tee von den Beeren, getrunken, heilt auch die leidige Wassersucht besser als jedes andere Mittel; aber bei der Wassersucht ist pures Wasser besser als Wein.

Gegen die *Cholera* kann Ich euch noch ein Mittel sagen und dieses besteht ganz einfach darin:

Sammelt die *kleine Feldkamille*, nehmet aber davon nur die weißen Blüten und den gelben Blütenstaub. Gebet die gesammelten Blüten in eine weiße, sogenannte Zucker- oder Einsudflasche – versteht sich aus gutem Glase; das Glas darf nämlich nicht grün sein –, verstopfet solche Flasche recht wohl und setzet sie so lange der Sonne aus, bis ihr Inhalt beinahe ganz trocken ist. Wenn diese Kamillen ganz trocken sind, dann stellet sie in derselben Flasche an einen ganz trockenen Ort. *

So dann jemand von der Cholera befallen würde, so nehmet einen guten Eßlöffel voll dieser Blüten, gebet sie in eine Tasse

---

* Auf die Anfrage eines Freundes bezüglich der Kamillentrocknung erhielt dieser in einem Brief Jakob Lorbers vom 15. September 1855 folgende Antwort des Herrn: „Was die Kamillentrocknung betrifft, so muß diese also geschehen, wie es dir Mein Knecht mündlich gezeigt hat. Oder sie kann auch in hermetisch zu verschließenden Zuckergläsern geschehen, aber du darfst in ein Glas, das etwa ein paar Maß hältig ist, nicht mehr hineintun, als was da bedeckt den Boden. Darum wären dazu die konischen Einsudgläser mit einem recht breiten Boden am besten zu gebrauchen; der Boden aber müßte zuvor von außen mit einer dunklen Violettfarbe belegt sein oder doch auf eine solchfarbene Unterlage gestellt werden. Trocknest du aber die Kamillen in einer dunkelvioletten Glastasse, so müßte diese doch mit einem weißgläsernen Deckel eben auch hermetisch vor der äußeren Luft zu verwahren sein. Das sonach übers Trocknen der Kamillen in der Sonne Strahlen."

und gießet ½ Seidel reines, siedendes Wasser darauf, decket die Tasse 1 bis 2 Minuten wohl zu, seihet den Tee ab und gebet ihn also dem Kranken zu trinken, und decket diesen in einem Bette wohl zu, so wird es auch in kurzer Zeit völlig besser mit ihm!

Wer es gerade haben [ermöglichen] kann, in den Tee 1 bis 2 Gran *Bibergeilpulver* (Castoreum sibiricum) zu tun, wird die Wirkung des Tees erhöhen. Aber die sogenannte Bibergeiltinktur ist nicht anzuraten, außer diese wäre in viermal abgezogenem Wacholdergeiste bestehend, in welchen man zu dem Behufe auf ein halbes Seidel ein halbes Lot Bibergeilpulver zu tun hätte.

Darauf müßte die Flasche wohl verstopft und so lange den Sonnenstrahlen ausgesetzt werden, bis solcher Spiritus eine gehörig dunkelrötlichbräunliche Farbe bekäme. Von solcher Tinktur wären dann auf eine ¾ Seidel große Tasse obbesagten Kamillentees 7 bis 10 Tropfen zu geben, wodurch dann das Übel auch in wenigen Minuten geheilt sein würde.

Da habt ihr nun die besten Mittel gegen die Cholera.

Nächstens aber werde Ich euch noch mehrere Mittel gegen die Schwarze Pest und das sogenannte Gelbe Fieber geben.

Ein Sonnenheilmittel gegen die Pest und das Gelbe Fieber

Ihr kennt schon seit euren Kinderjahren eine Wurzel, und diese ist keine andere als der *echte asiatische Rhabarber*.

Im echten Rhabarber liegt eine übergroße Heilkraft, selbst wenn man ihn in rohem Zustande entweder als Pulver oder in Stückchen (aber dann freilich im Munde etwas zerkaut) einnimmt. Noch mehr aber bewährt sich die Heilkraft, so diese Wurzel auf nachstehende Weise präpariert wird:

Man nehme einige Lot* von dieser Wurzel und pulverisiere

---

* 1 Lot = 4 Quintel = 17,5 Gramm.

sie, aber nicht allzu fein, setze dieses Pulver auf die schon bekannte Weise in einem dazu geeigneten Gefäß den Sonnenstrahlen aus und überdecke es zur Nachtzeit mit einem reinen, schwarzen Lammfell, das man tagsüber, und zwar die rauhe Wollseite, gleichfalls den Sonnenstrahlen aussetzen kann.

Die Wolle soll jedoch nicht knapp auf das Pulver zu liegen kommen. Am besten ist es, so man aus dem Lammfell ein geradeso großes Quadratstück herausschneidet, als wie groß das Gefäß (Tasse) ist, und dann dasselbe auf ein gleichgroßes Quadratbrettchen mit der glatten Seite des Fells anklebt. So das Fell eine etwas zu lange Wolle hätte, so stutzt man dieselbe mit einer Schere und reinigt das Fell dann gehörig mit einer Bürste.

Wenn die Sonne stark ist, so genügen 8 bis 10 Tage des Aussetzens; ist sie aber schwächer, dann müßte die Zeit des Aussetzens verdoppelt werden.

An den Tagen, an denen ein Nordwind weht, kann das Pulver auch in die freie Luft gesetzt werden, wenn auch die Sonne zufolge starker Nebelzüge gerade nicht immer auf das Pulver scheinen könnte. In diesem Falle ist die Nordluft soviel wert wie der Sonnenstrahl.

Wenn das besagte Pulver präpariert ist, so ist es dann auf gleiche Weise aufzubewahren wie die früheren Medikamente. Gut tut man, wenn man das Aufbewahrungsgefäß in dasselbe Lammfell einwickelt, mit dem man vorher das Pulver zur Nachtzeit zugedeckt hat.

Auf diese Weise hat man nun ein Hauptmedikament, das beinahe in allen Krankheiten, morgens und abends 7 bis 10 Gran eingenommen, sichere Heilung bewirkt, wenn die Krankheit nicht schon das letzte Stadium erreicht hat.

Wenn irgendwo die Schwarze Pest oder das Gelbe Fieber grassiert, wird dieses Pulver – zeitig genug, aber allzeit ½ Lot groß eingenommen – schnelle und vollkommene Heilung bewirken; aber zu spät eingenommen, was bei diesen Krankheiten sehr leicht der Fall sein kann, weil sie gewöhnlich einen schnellen Verlauf haben, würde natürlich mit diesem Heilmittel wenig ausgerichtet sein.

Für diesen Fall will Ich euch eine andere Wurzel anzeigen, die in Asien auf den höheren Gebirgen gefunden wird. Diese Wurzel wächst wohl auch in der Tiefe, hat [aber dann] ein etwas gelbes Aussehen und ist nicht so kräftig wie die weiße. Ihr Name ist *Jaisung* und wird manchmal auch *Jensing [Ginseng]* genannt.

Diese Wurzel wird ebenso präpariert wie der Rhabarber, nur muß sie in fünffach geringerer Dosis eingenommen werden als der Rhabarber.

In verhältnismäßig stärkerer Dosis heilt sie, wie gar kein anderes Mittel, die Schwarze Pest und das Gelbe Fieber, oft auch im dritten Stadium noch. Besonders bei der Schwarzen Pest ist noch zu bemerken, daß die Zimmer von solchen Patienten des Tages öfter mit geschabtem Bockshorn und Wacholderbeeren zu durchräuchern sind. Wenn das Übel sehr grassiert, ist es auch von guter Wirkung, einen oder zwei Ziegenböcke in das Zimmer der Kranken zu stellen.

[Wenn man] das alles also beachtet, kann diese Schwarze Pest noch so sehr in einem Orte grassieren, so wird sie dadurch von solch einem Hause abgehalten. Und werden die Räucherungen allgemein gebraucht, so wird sie auch binnen längstens drei Tagen gänzlich verschwinden.

Im Falle besonderer Intensität dieses Übels kann zu dem Räucherwerk auch ein wenig von dem Rhabarberpulver hinzugenommen werden.

Hier habt ihr also die versprochenen Mittel gegen die zwei tödlichsten Übel auf dieser Erde.

Hauptsächlich wäre der Gebrauch sowohl des Rhabarberpulvers als auch des Jensings zur Wiederbelebung sehr geschwächter, oft ganz eingetrockneter Nerven vorzugsweise anzuempfehlen sowie auch gegen alle Übel, die einer gewissen Seuche entspringen.

Hier in Graz werdet ihr den Jensing schwerlich ganz echt bekommen; aber in Triest, Paris, London, auch in Hamburg, ist er ganz echt zu haben, – jedoch um einen kaum erschwinglich hohen Preis.

Die fünfmal schwächere amerikanische Jensingwurzel tut,

in reichlicherer Dosis genommen, denselben Dienst. Sie kommt in Amerika, südlich und nördlich, vor. Die südliche ist besser als die nördliche.

Ein neues Sonnenheilmittel

teilte der Herr *Gottfried Mayerhofer* durch das Innere Wort im Jahre 1870 mit. Es lautet:

Nachdem ihr schon mehrere Mittel habt, die euch durch Meinen Knecht im Jahre 1851 kundgegeben wurden, so will Ich zu diesen heute ein neues hinzufügen, und zwar:

Nehmet *wilde Kastanien*, wenn dieselben reif von selbst aus den Schalen fallen, löset die äußere, aber auch die letzte [innere] braune Schale von ihnen ab, schneidet sie dann in kleine Stückchen und trocknet sie in einer dunkelvioletten Schale an der Sonne während 2 bis 3 Wochen. Nachdem pulverisieret sie und verwahret das gewonnene Pulver in Fläschchen von gleicher Farbe, wie die oben erwähnten Schalen.

Dieses Mittel, gebraucht als leichter Tee, wozu das Wasser zuvor heiß gemacht und, wenn es siedend ist, ein Eßlöffel voll dieses Pulvers hineingetan, sodann einige Minuten stehengelassen, durchgeseiht, und dann getrunken wird, dient vorzüglich bei Blutkrankheiten des weiblichen Geschlechts, wenn die Menstruation zu heftig und reichlich eingetreten ist. Dieser Tee regelt die natürlichen Sekretionen wieder.

Ebenso ist die wilde Kastanie in ihrem Rohzustande als sympathetisches Mittel gut, wenn eine Person von Kopfweh geplagt wird, das jedoch mehr von den Nerven als vom Blutandrang zum Gehirne abhängt.

Die Kastanien sollen in diesem Fall, drei an der Zahl, bloß einige Tage bei sich getragen werden – voll vertrauend auf Meinen Segen –, und das Kopfweh wird sich anfangs mildern und am dritten Tage gänzlich verschwinden.

Um euch diese Wirkung der wilden Kastanie zu erklären,

mache Ich euch bloß auf die äußere Schale derselben aufmerksam; ihr werdet selbe mit Spitzen oder Stacheln bedeckt sehen. Nun, eben diese Stacheln sind in der Natur die elektrischen Leiter, und ihr könnt die Kastanie als eine elektrische Flasche ansehen, die, durch diese Leiter geladen, alle ihre Elemente, aus denen sie besteht, mit Elektrizität schwängert.

Nachdem nun Blutkrankheiten meistens von dem Nichtfunktionieren des elektrischen Herdes im menschlichen Körper, also der Milz herkommen, so ist eben dieses aus der Kastanie gewonnene, mit den Sonnenstrahlen geschwängerte Pulver das einzige Mittel, um den elektrischen Strom im menschlichen Körper wieder in seine geregelten Schranken zu weisen.

Hier habt ihr in wenigen Worten den eigentlichen Grund der Heilkraft der wilden Kastanie.

Durch das Aussetzen an die Sonne werden die noch von der Erde aufgesogenen feuchten, unlauteren Teile oder Spezifika entfernt, und es bleibt bloß der mit Elektrizität geladene und für diesen speziellen Zustand nötige Teil übrig.

Dieser Tee kann auch bei Milzkrankheiten mit Vorteil angewandt werden.

Hier habt ihr also wieder ein neues Mittel für die leidende Menschheit. Gebraucht es im Hinblick auf Mich, und Mein Segen bei der Heilung wird nicht ausbleiben!

Ein Mittel für den Haarwuchs*

Aus Aufzeichnungen Anselm Hüttenbrenners.

Am 21. September 1840 wandte sich Jakob Lorber an den Herrn wegen eines Mittels für den Haarwuchs, und zwar auf Ersuchen des And.H.

Rezept

Feinstes, geruchloses Öl von Sonnenblumen	1 Pfund**
Flüssiges Gänsefett	4 Lot**
Kammfett	4 Lot
Flüssigen Storax	1 Lot
Eieröl	½ Lot
Neroliöl	½ Lot
ganz echtes Thymianöl	1 Lot
ganz echten Peruanischen Balsam	1 Quentchen**
echtes Rosenöl	¼ Quentchen
so auch dazu vom Kakaobutter	1 Lot

Diese 10 Spezies müssen in einer Flasche wohl durcheinandergemischt werden und morgens und abends unausgesetzt gebraucht werden. Dann und wann soll der Kopf auch wieder mit lauem Wasser gewaschen werden, dann – gut abgetrocknet – wieder mit dieser Ölsalbe eingerieben werden; so werden die Haare schon wieder kommen, wenn noch dazu eine gewisse Abstinenz in rebus carnis*** beobachtet würde längere Zeit von wenigstens 3 Monaten; – und aber auch vorzüglich: Spero in te, Domine, in omnibus rebus, quoniam tu solus sanctus, amore plenus, peramabilis, peradjuvabilis et omnipotens es, – – – Fiat Dixit Dominus.****

---

* Nachträgliche Anmerkung Anselm Hüttenbrenners: „Aus Jakob Lorber selbst."

** 1 Pfund = 560 g; 1 Lot = 17,5 g; 1 Quentchen = 4,4 g.

*** in Sachen des Fleisches.

**** Ich hoffe auf dich, Herr, in allen Dingen, denn du allein bist heilig, voller Liebe, höchst liebenswert, hilfreich und allmächtig. – Es werde, sprach der Herr.

„Was aber ist die geistige Diät?“

– Enthaltsamkeit von allen Ärgerlichkeiten, sie mögen was immer für einen Grund haben. Denn sobald das nicht streng beachtet wird, kann an keine Besserung gedacht werden. Ich will hier nicht die verschiedenen Gründe anführen, durch welche all der Ärger erzeugt wird. Genug, daß Ich sage, sie müssen samt und sämtlich von Grund aus vermieden werden, sonst wird da von einer Gesundheit nie die Rede sein. – Wie kann aber solches gar leicht vermieden werden? Im beständigen, wahrhaften Hinblick in vollem Glauben und aller Liebe auf Mich ... (S. 129) *

Bemühet euch, aus euren „Erholungsstunden“ in stiller Ruhe und Zurückgezogenheit eures Gemütes Mir geweihte Stunden zu machen - so könnet ihr früh erfahren, wie überaus gut und voll Liebe Ich, euer Vater, bin. *(Hi. I 295)*

So die Menschen sich gegenseitig alles vergeben, wird ihnen auch von Mir alles vergeben. *(Hi. II 182)*

Sei von ganzem Herzen demütig, liebe Gott aus all deinen Lebenskräften über alles und erfülle in dem Seinen Willen, daß du deine Brüder und Schwestern liebst und achtest mehr denn dich selbst! – Wenn du solches tust, so bist du ein Kind Gottes. *(GS II 59)*

Wer Mein Wort völlig in sich aufnimmt und unabweichbar danach handelt und lebt, der nimmt dadurch Mich Selbst mit aller Meiner Liebe, Weisheit, Macht und Kraft auf und ist dadurch zu einem wahren Kinde Gottes geworden, dem der Vater im Himmel nicht Eines vorenthalten wird, was Er hat! ... (S. 146) *

---

* Aus **„Heilung und Gesundheitspflege in geistiger Schau“**, eine Textauswahl aus den Werken der Neuoffenbarung mit einem Vorwort von Dr. med. Erich Heinze, 2. Auflage, 240 Seiten, erschienen im Lorber-Verlag, Bietigheim.

Erklärung der alten österreichischen Maße und Gewichte des 18./19. Jahrhunderts

Die Längenmaße sind ursprünglich auf den menschlichen Körper bezogen. So ist eine Klafter gleich der Spannweite bei seitlich ausgestreckten Armen, eine Elle gleich einer Armlänge, ein Zoll gleich einer Daumenbreite.

1 Meile *	=	2000 Ruten	=	7,586	km
1 Rute	=	2 Klafter	=	3,8	m
1 Klafter (Faden)	=	6 Fuß	=	1,90	m
1 Fuß (Schuh)	=	12 Zoll	=	31,6	cm
1 Zoll	=	12 Linien	=	2,63	cm
1 Linie	=	12 Punkte	=	2,2	mm
1 Punkt			=	0,18	mm
1 Elle	=	0,41 Klafter	=	77,8	cm

Alle Werte sind gerundet; die genauen ergeben sich aus der Beziehung: 1 Klafter = 1,896484 m.

* **Zumeist wird in den Lorber-Werken nicht die österreichische Meile, sondern die auf den Äquatorumfang bezogene deutsche geographische Meile verwendet.**

1 Äquatorumfang	=	5400 geogr. Meilen	=	40,1	Mm
1 geogr. Meile	=	1/15 Äquatorgrad	=	7,42	km

Laut „Haushaltung Gottes", Bd. 3, 246/2 ist

1 Wegstunde	=	1/2 Meile	=	3 3/4	km

Flächenmaße

1 Quadrat-Meile (geogr.)	=	55	km^2
1 Quadrat-Klafter	=	3,6	m^2
1 Quadrat-Fuß	=	0,1	m^2
1 Quadrat-Zoll	=	6,9	cm^2
1 Joch (Tagwerk, Morgen)	=	1600 Quadrat-Klafter	= 0,58 ha

Hohlmaße

1 Kubik-Meile (geogr.)	=	408,5 km^3
1 Kubik-Klafter	=	6,8 m^3
1 Kubik-Fuß	=	31,6 l
1 Kubik-Zoll	=	18,3 cm^3

1 Startin	=	5 Faß	=	566 l
1 Faß	=	2 Eimer	=	113,2 l
1 Eimer	=	40 Maß	=	56,6 l
1 Maß	=	4 Seidel	=	1,4 l
1 Seidel	=		=	0,35 l

Getreide:

1 Metzen	=	61,5 l		
1 Malter	=	70 Maß	=	1 hl

Gewichtsmaße

1 Zentner	=	100 Pfund	=	56 kg
1 Pfund	=	32 Lot	=	560 g
1 Lot	=	4 Quintel	=	17,5 g
1 Quintel	=	60 Gran	=	4,4 g
1 Gran			=	73 mg

Die genauen Werte ergeben sich aus der Beziehung:
1 Quintel = 4,375467 g.

Die Temperatur wird in Réaumur-Graden angegeben. Réaumur legte fest, daß Wasser bei 0 Grad friert und bei 80 Grad siedet. Demgemäß gilt: 1°R = 1,25°C.

Zeitangaben sind Sternzeitangaben. (Großglockner, 3. Kapitel). In einem Jahr dreht sich die Erde auf den Fixsternhimmel bezogen einmal mehr als auf die Sonne bezogen.
365 ¼ Sonnentage = 366 ¼ Sterntage
24 Std. mittlerer Sonnenzeit = 24 Std. 3,94 Min. Sternzeit.

a. Sachregister

b. Krankheiten, Krankheitsursachen

c. Trägerstoffe, Naturheilmittel

Für all jene, die nicht die Möglichkeit haben, sich Sonnenheilmittel selbst herzustellen:

Wo können Sonnenheilmittel bezogen werden?

Direkt bei:

MIRON GmbH
Badenerstr. 21
CH - 8953 Dietikon
Tel: + 41 (0)1 740 70 00 / Bestellfax: + 41 (0)1 741 22 15

Auskünfte über weitere Vertriebstellen für Deutschland, Österreich, Benelux-Staaten und andere Länder erhalten Sie bei der oben genannten Adresse.

Violettglas
MIRON Glas GmbH, Bruno Iseli
Badenerstraße 21
CH-8953 Dietikon
Tel. +41(0) 1 740 69 69 / Fax +41(0) 740 49 76

* Die Miron GmbH stellt mit Unterstützung vieler uneigennütziger Helfer seit über 10 Jahren in den Sommermonaten Sonnenheilmittel manuell her. In Fragen der Rohstoffauswahl, der vorgeschriebenen Besonnung und Verpackung bzw. Lagerung wird größte Sorgfalt angewandt, wovon sich der Verlag immer wieder überzeugen konnte.
Besonnungsorte sind: Griechenland, Süditalien und Zypern. Nähere Auskunft – auch für Helfer, die in den Sommermonaten bei der Herstellung mitwirken möchten – erteilt die Miron GmbH. –
Die Herstellung und der Vertrieb dieser Sonnenheilmittel erfolgen unabhängig vom Verlag. Eine Haftung des Verlages wird daher ausgeschlossen.